LE COUSIN
DU MINISTRE,

Comédie en un acte mêlée de couplets,

PAR

M. VARNER.

Prix : 30 cent.

PARIS,

IMPRIMERIE ADMINISTRATIVE DE PAUL DUPONT ET Cie,

Rue de Grenelle-Saint-Honoré, 55.

1839.

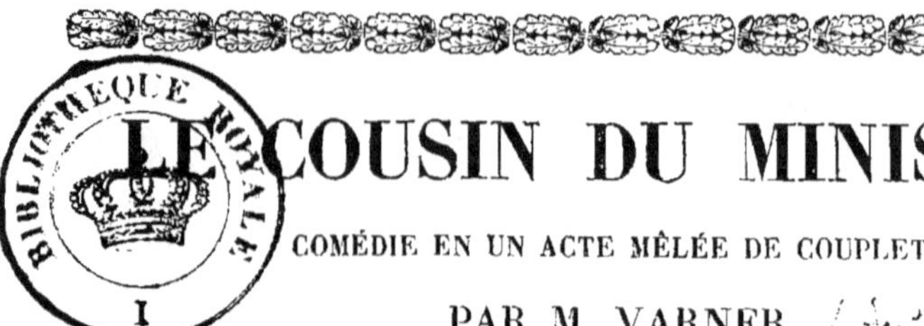

LE COUSIN DU MINISTRE,

COMÉDIE EN UN ACTE MÊLÉE DE COUPLETS,

PAR M. VARNER,

Représentée pour la première fois, à Paris, sur le théâtre du Palais-Royal, le 8 août 1839.

PERSONNAGES.	ACTEURS.
FLORENVILLE, secrétaire du ministre.................	MM. Germain.
NARCISSE, cousin du ministre......................	Levassor.
DUVILLARS, journaliste..........................	Derval.
GIRARDOT, huissier.............................	Barthélemy.
Mᵐᵉ de JOURDEUIL, jeune veuve aimée de Florenville....	Mˡˡᵉ Mary.
CHARLOTTE, jeune fille promise à Narcisse.............	Mˡˡᵉ Céline

La scène se passe à Paris.

Le théâtre représente un petit salon d'attente élégamment décoré : il communique à une autre pièce qui est au fond par des ouvertures cintrées dont on a retiré les portes. Sur le devant du théâtre un grand bureau garni de papiers. Du même côté, une porte pour aller au cabinet du ministre. Une autre porte à gauche pour gagner un escalier de sortie.

SCÈNE I.

FLORENVILLE *auprès d'une table où il examine des papiers.*

GIRARDOT, CHARLOTTE *entrant par la gauche.*

GIRARDOT, *à demi-voix à Charlotte.*

Restez là un moment... il faut d'abord que je lui dise deux mots.

CHARLOTTE.

Comment, c'est là le ministre !

GIRARDOT.

Eh'! non... c'est le secrétaire particulier, tout bonnement.

FLORENVILLE, *sans tourner la tête.*

Vous voilà Girardot ?

GIRARDOT.

Oui, monsieur, toujours empressé... si je ne suis pas venu avant-hier, c'est que j'étais très malade... mais, dès que j'ai su que le nouveau ministre était installé, je me suis dépêché de me guérir... J'ai pris deux médecines le même jour, ç'a m'a réconforté... et me voilà !.. Je tiens tant à mes devoirs et à ma place !...

FLORENVILLE.

Est-ce que vous aviez des craintes ?

GIRARDOT.

Je ne crois pas... Quand on a pour soi le zèle et l'ancienneté... Tel que vous me voyez, j'ai trente-huit ans de ministère, dont trente-deux comme concierge... J'ai vu quarante-cinq ministres.

FLORENVILLE.

Vous pouvez être tranquille : il n'y a pas de ministre qui ait vu quarante-cinq portiers.

Air : *Du premier prix.*

On reste en ces lieux, d'ordinaire,
Quelques jours, quelques mois au plus ;
C'est la règle,... et le ministère
Est l'image d'un omnibus
Qui, vers son but marchant sans doute,
Mais avec de sages lenteurs,
Avant de terminer sa route,
Change vingt fois de voyageurs.

Et pourquoi avez-vous quitté la loge ?

GIRARDOT.

A cause d'un rhumatisme qui m'est venu dans le bras... J'ai gagné ça à tirer le cordon... et comme je n'avais plus assez d'agilité dans mes fonctions...

FLORENVILLE.

Je conçois. (*apercevant Charlotte.*) Mais je n'avais pas aperçu cette jeune fille.

GIRARDOT.

J'allais vous en parler... C'est une orpheline qui vient d'arriver à Paris...

CHARLOTTE, *faisant la révérence.*

Hier matin, à onze heures par la diligence Laffitte et Caillard.

GIRARDOT.

Je ne le lui fais pas dire... Elle a été amenée chez nous, par une dame respectable du pays de ma femme, qui, en raison de ma position administrative et de mes soixante-dix ans, m'a prié de conduire mademoiselle auprès du ministre.

FLORENVILLE, *avec étonnement.*

Auprès du ministre ?

CHARLOTTE.

Sans doute... Est-ce qu'on ne pourrait pas lui parler tout de suite ?

GIRARDOT.

Un instant... comme vous y allez... il a trop à faire, lui, qui est chargé du bonheur de toute la France.

CHARLOTTE.

Justement... il pourra peut-être s'occuper du mien.

FLORENVILLE.

Il n'y a pas de doute que si cela dépend de lui...

CHARLOTTE.

Vous allez voir... c'est toute une histoire... Je demeure dans un village auprès d'Épernay, avec une vieille tante... C'est la seule parente qui me reste... Au commencement de cette année, un jeune homme des environs s'est présenté chez nous...

GIRARDOT.

Pour voir votre tante ?

CHARLOTTE.

Non, c'était pour moi... il ne l'a pas dit tout de suite, mais je m'en suis bien aperçue.

FLORENVILLE.

Et vous avez autorisé ses visites ?

CHARLOTTE.

Pourquoi pas ?.. Ses intentions étaient honnêtes et sa personne très polie... il plaisait beaucoup à ma tante, et à moi encore davantage... Il me trouvait très bien, et comme je ne le trouvais pas trop mal, il fut convenu qu'il m'épouserait.

GIRARDOT.

Je ne vois, jusqu'ici, rien de très affligeant.

CHARLOTTE.

Je crois bien... J'étais dans la joie... les bans allaient être publiés... encore quinze jours et j'étais sa femme... lorsque, tout-à-coup !.. (*s'interrompant.*) Ah ! mon Dieu !

FLORENVILLE.

Qu'est-il arrivé ?

CHARLOTTE, *en soupirant.*

Il a cessé de venir.

FLORENVILLE, *à part.*

Aïe ! aïe ! aïe !

CHARLOTTE.

Nous avons attendu deux jours... trois... quatre... puis, comme ça se prolongeait indéfiniment, nous avons envoyé chez lui. Je pensais qu'il était malade... Ah ! bien oui !.. il avait disparu !

GIRARDOT.

Comment ?

CHARLOTTE.

C'est ce qu'on ne sait pas... c'est une énigme. On l'avait vu la veille et on ne l'a pas revu le lendemain. Personne ne peut dire ce qu'il est devenu... Voilà trois semaines que nous sommes séparés, et comme il ne pouvait vivre sans moi,

je crains qu'il n'ait fait quelque coup de désespoir.

GIRARDOT.

Il était trop heureux pour cela.

FLORENVILLE.

Et puis se tuer incognito, ce n'est pas la mode : il l'aurait écrit aux journaux.

CHARLOTTE.

Eh bien ! alors, qu'on me le retrouve, que le ministre s'en mêle... c'est facile pour lui qui a tant de pouvoir et tant de monde à ses ordres.

FLORENVILLE.

Je lui en parlerai tout-à-l'heure.

CHARLOTTE.

Vrai ?.. ah ! monsieur, que vous seriez aimable !

FLORENVILLE.

Mais, je ne puis rien promettre.

CHARLOTTE.

C'est égal, je compte là-dessus.

FLORENVILLE.

Et puis, il me faut des renseignemens sur le jeune homme.

CHARLOTTE.

J'ai des papiers qui vous donneront tout ça.

GIRARDOT.

Et je me charge de vous les remettre.

CHARLOTTE.

Ainsi, c'est entendu...

Air : *De la walse de Robin des Bois.*

Ah ! pour moi , quelle heureuse chance !
Nous pourrons , grace à votre appui,
Nous trouver réunis , je pense,
Dès demain, peut-être aujourd'hui.

FLORENVILLE *cherchant à la calmer.*

Allons, un peu de patience !

CHARLOTTE.

Oui... je vous le promets; déjà
Vous m'avez rendu l'espérance,...
Et l'on peut attendre avec ça...,

FLORENVILLE ET GIRARDOT.

Ah ! pour vous quelle heureuse chance ;
Un sort plus doux vous est promis :
Du ministre la bienveillance
Fera cesser tous vos ennuis.

CHARLOTTE.

Ah ! pour moi quelle heureuse chance !
Un destin plus doux m'est promis :
Du ministre la bienveillance
Fera cesser tous mes ennuis.

(*Charlotte sort avec Girardot.*)

SCÈNE II.

FLORENVILLE.

Cette pauvre jeune fille, elle m'a intéressé avec son amour et ses peines !.. ce que c'est que d'être amoureux soi-même et de l'être sans espoir ! Aussi, quelle folie à moi, humble secrétaire, sans fortune, sans nom, sans avenir, d'aller élever mes regards jusqu'à une personne belle, riche, qui a un rang dans le monde, qui est la nièce d'un ancien ministre! ah! cachons bien mon secret dans le fond de mon cœur, qu'elle ne puisse deviner une passion dont elle serait offensée; sachons souffrir en silence : car ses dédains, que je dois trop prévoir, me rendraient mille fois plus malheureux encore !

SCÈNE III.

FLORENVILLE, DUVILLARS.

DUVILLARS, *dans le fond, à la cantonade.*

Laissez-moi tranquille... Quand je vous dis que je puis entrer à toute heure... (*entrant.*) Je n'ai jamais vu de gens aussi récalcitrans.

FLORENVILLE.

Eh! mon Dieu! après qui en avez-vous donc ?

DUVILLARS.

Après les huissiers, cette gendarmerie en habit noir et en manchettes, chargée de défendre la porte des ministres... Ils m'ont pris pour un ennemi... Il est vrai qu'ils doivent être étonnés de me voir ici, moi, journaliste de l'opposition !

FLORENVILLE.

Ça n'empêche pas... nous en voyons tous les jours... N'avez-vous pas été camarade de collége de M. Brémont ?

DUVILLARS.

Certainement ; je suis forcé d'être son ennemi en public, c'est mon état... mais je serai toujours son ami en particulier... Lorsque nous serons seuls... je lui donnerai des avis, des conseils tant qu'il en voudra.

FLORENVILLE, *à part.*

Ce n'est jamais ce qui manque.

DUVILLARS.

Mais je les donnerai bons, ce qui est plus rare... je lui montrerai le chemin qu'il doit suivre pour ne pas s'égarer.

FLORENVILLE.

Mais vous ne vous êtes jamais occupé d'administration.

DUVILLARS.

Heureusement... je suis exempt de préjugés et de routine... J'aurai des idées neuves... que probablement il ne suivra pas... c'est l'usage... On croit toujours en savoir plus que les autres... mais qu'il prenne garde : s'il fait des fautes, je ne le ménagerai pas... je l'attaquerai sans pitié... je lui prouverai mon attachement par ma franchise.

FLORENVILLE.

C'est bien la peine d'avoir des amis !

DUVILLARS.

Pourquoi s'est-il fait ministre ? on n'y est pas obligé... Quant à moi, je ne connais pas de condition plus triste : être en butte à toutes les ambitions, à toutes les haines, n'être jamais sûr du lendemain, vivre au jour le jour dans un bel hôtel que l'on peut quitter à chaque instant ; être obligé de plaire à la cour, aux chambres, aux électeurs, à la nation... que sais-je? à l'Europe!.. C'est trop de monde à contenter, et je ne m'étonne pas qu'il y ait si peu de ministres qui y parviennent.

FLORENVILLE.

Il y a du moins du courage à entreprendre une pareille tâche, de la gloire à y réussir... à peu près... D'ailleurs chaque position a ses inconvéniens ; il n'y a pas d'état qui n'ait ses ennuis.

DUVILLARS.

Excepté celui de journaliste... On ne dépend de personne... on est libre... et quand une fois on a déposé son cautionnement, qu'on a des bailleurs de fonds, un imprimeur et des abonnés, on n'a plus à craindre que les coups d'épée, le procureur du roi et les erreurs de la justice... Vous voyez qu'on peut être parfaitement tranquille.

FLORENVILLE.

En effet, je vous félicite de votre bonheur.

DUVILLARS.

Je ne vous en dirai pas autant, jeune homme. Au lieu de vous créer une existence indépendante, de choisir un état qui vous assurât un avenir, vous avez accepté une place de secrétaire, une position provisoire! vous vous êtes attaché au sort d'une personne...

FLORENVILLE.

Que je connais depuis mon enfance, dont j'ai été à même d'apprécier l'âme généreuse, le noble caractère... car c'est un homme ferme, invariable dans ses principes...

DUVILLARS.

Est-ce qu'il y en a ?

AIR : *Des maris ont tort.*

La girouette offre l'image
De nos immobiles du temps :
Placée aux lieux où naît l'orage
Elle brave l'effort des vents ;
Mais observez ses mouvemens :
Dans son poste élevé, sans cesse
On la voit tourner, retourner,
Et par sa docile faiblesse
Garder le droit de dominer.

FLORENVILLE.

Bien jeune encore, j'ai suivi M. Brémont sur la terre d'exil, j'ai partagé sa mauvaise fortune... il m'a toujours témoigné l'intérêt le plus tendre...

DUVILLARS.

Il en aura toujours autant à votre service... de la bienveillance tant qu'on en veut, ça ne coûte rien... on ne fait pas là-dessus d'économie... mais dès qu'il s'agit de places, de faveurs...

FLORENVILLE, *souriant.*

On ne les donne pas?..

DUVILLARS.

Non... on les garde pour de belles dames qui sollicitent, ou pour des gens de sa famille... car tous les ministres ont des parens qu'ils affectionnent, des parens extrêmement chers... pour le trésor.

FLORENVILLE.

Vous devriez mieux connaître M. Brémont ; vous lui prêtez des idées...

DUVILLARS.

Auxquelles il n'échappera pas plus que les autres. N'a-t-il pas déjà fait venir ici un de ses cousins?

FLORENVILLE.

Qu'y a - t - il d'étonnant à cela ? Un jeune homme simple, naïf, sans prétentions.

DUVILLARS.

On en aura pour lui.

FLORENVILLE.

C'est impossible.

DUVILLARS.

C'est ce que nous verrons. Vous êtes confiant et moi incrédule : c'est le fruit de l'expérience.

FLORENVILLE.

La vôtre n'a-t-elle jamais été en défaut ?.. pourquoi ne pas supposer le bien ?

DUVILLARS.

C'est si rare !

FLORENVILLE.

Ne fût-ce que pour encourager à le faire.

DUVILLARS.

Mauvais moyen !.. Les complimens gâtent les hommes ; il vaut mieux les gronder pour les tenir en haleine, c'est mon système... j'en ai prévenu notre ami... Je le blâme toujours par avance, à compte sur ce qu'il fera... c'est convenu... nous nous disputons chaque matin pendant une heure (*tirant sa montre*). Ah ! diable ! je n'ai pas aujourd'hui beaucoup de temps à lui donner : il faudra abréger la mercuriale... Je me rattraperai ce soir ou demain... Au revoir, le plus dévoué des secrétaires et l'ami le plus candide. (*Il entre dans le cabinet du ministre.*)

GIRARDOT, *à Florenville.*

Il y a là plusieurs personnes qui n'ont pas de rendez-vous, et qui pourtant voudraient parler à son excellence... je veux dire à monseigneur... non... à M. le ministre, je m'embrouille toujours.

FLORENVILLE.

C'est impossible... je vais tâcher de savoir ce qui les amène et de leur faire entendre raison. (*Il sort.*)

GIRARDOT.

Et moi, je vais dire deux mots à mon déjeuner... je l'ai serré dans le carton aux affaires pressées... (*Il ouvre un carton et en tire de quoi manger*). Avec mes occupations, il ne m'est permis d'avoir faim que quand le ministre se sent de l'appétit... c'est très gênant... parce que si les estomacs ne sont pas réglés sur la même pendule... et le mien avance toujours.

SCÈNE IV.

GIRARDOT, NARCISSE.

NARCISSE, *dans le fond, à la cantonade.*

Dites au cocher que je prendrai ce soir les chevaux de mon cousin pour aller au spectacle... J'en aurai aussi besoin pour faire des visites. (*Il descend le théâtre.*)

GIRARDOT, *à part.*

(*Il se hâte de serrer son déjeuner*). Ah ! c'est le cousin de son excellence.

NARCISSE.

Je suis très content des chevaux de mon cousin :

ils vont très bien pour des chevaux de ministère !.. si les bureaux allaient ce train-là !.. comme l'administration marcherait ! (*à part.*) Oh ! qu'est-ce que je dis là ?.. heureusement que Girardot est un peu sourd.

GIRARDOT.

Vous êtes sorti ce matin de bien bonne heure à ce qu'il paraît ?

NARCISSE.

Mais oui... je n'ai pu fermer l'œil de la nuit.

GIRARDOT.

Votre dîner vous a fait mal ?

NARCISSE.

Au contraire... il m'a fait beaucoup de bien... Mais comment dormir quand on s'est trouvé à une soirée comme celle que mon cousin a donnée hier ?.. que c'était brillant !.. que c'était beau !.. les hommes, je ne dis pas.. il y en avait beaucoup qui étaient très laids... mais les femmes !.. sauf deux ou trois, qui ressemblaient un peu aux hommes, que de graces !.. que de charmes !.. moi, j'étais dans l'admiration !.. je ne m'étais jamais trouvé à pareille fête !.. je ne me reconnaissais plus !.. j'allais et je venais de tous côtés, coudoyant des princes, des ducs, des barons ! je marchais sur les pieds de tout le monde.

GIRARDOT.

En vérité ?

NARCISSE.

Et j'entendais murmurer à mes oreilles : « qu'il « est aimable ! c'est lui !... c'est le cousin du mi-« nistre !... pas possible !... Il arrive de la pro-« vince !... » et moi, je me redressais... je me donnais de la grace.

AIR : *Je suis laid, le fait est certain.*

Afin de mieux les captiver
J'allais, je saluais sans cesse.

GIRARDOT.

Très bien... quand on veut arriver
Il faut montrer de la souplesse.
Un peu plus tard ces saluts-là
Vous feront avoir, je vous jure,
Bien des choses....

NARCISSE.

Ils m'ont déjà
Fait avoir une courbature,
C'est un à-compte, ils m'ont déjà, etc.

Malheureusement, je suis modeste, un peu timide... je n'ose pas me lancer.

GIRARDOT.

Vous avez tout... quand on a l'honneur d'être le cousin d'un ministre...

NARCISSE.

Je sais que c'est superbe ; mais il me manque tant de choses !... d'abord, de la fortune...

GIRARDOT.

Vous en aurez quand vous voudrez... cousin du ministre !

NARCISSE.

Mais il me faudrait peut-être pour cela le talent...

GIRARDOT.

Vous en avez autant qu'il en faut... cousin du ministre !

NARCISSE.

Ainsi, vous penseriez que je puis...

GIRARDOT.

Aspirer à tout !

NARCISSE.

Même à un bon mariage ?

GIRARDOT.

Certainement ; vous êtes jeune, et avec vos avantages physiques et matériels...

NARCISSE.

J'en suis bien aise, car je crois que dans ce moment je suis amoureux... de cette jolie veuve qui vient si souvent ici... les plus beaux yeux... et le meilleur cœur !... s'intéressant à tout le monde... toujours quelqu'un à protéger... aussi, demande-t-elle sans cesse... Nous verrons si elle accorde quelquefois... je lui présenterai ma requête.

GIRARDOT *annonçant.*

Mme de Jourdeuil !...

NARCISSE.

Justement la voici !... je me risque... on ne gagne rien à se taire, comme me disait un avocat.

SCÈNE V.

NARCISSE, Mme DE JOURDEUIL, FLORENVILLE.

Mme DE JOURDEUIL, *à Florenville.*

Vous êtes surpris de me voir en ces lieux de si bonne heure... vous ne devinez pas le motif qui m'amène ?

FLORENVILLE.

Sans doute quelque bonne action.

Mme DE JOURDEUIL.

Vous l'avez dit.

NARCISSE.

Je le pensais.

Mme DE JOURDEUIL, *apercevant Narcisse le saluant.*

Ah ! M. Narcisse !... *(continuant).*
Veuve et riche, il faut bien que j'emploie mon temps, que je tâche de me rendre utile.

NARCISSE.

C'est du tracas que vous vous donnez.

Mme DE JOURDEUIL.

Non... c'est du plaisir... hier, avec quelques dames de mes amies, j'ai imaginé une fête, un bal... au profit de plusieurs orphelins que nous protégeons ; et je viens prier votre patron de s'inscrire parmi nos souscripteurs.

NARCISSE.

AIR : *Un homme pour faire un tableau.*

Avec plaisir il s'inscrira,
Et je puis promettre d'avance
Qu'à cette fête il se rendra ;
Mais vous ne pensez pas qu'il danse.

Mme DE JOURDEUIL.

Pourquoi pas ?

NARCISSE.

Cela prêterait

A plus d'un calembourg sinistre,
Et Musard à bon droit dirait
Qu'il a fait sauter un ministre.

Mme DE JOURDEUIL.

Comme il voudra ; le bal n'est ici que le prétexte... il cache un plaisir plus réel, plus solide... il est si doux de venir en aide au malheur !

NARCISSE.

Ah ! oui !

Mme DE JOURDEUIL.

De lui faire oublier ses souffrances, de le rendre à l'espoir et à la joie !

FLORENVILLE.

Que vous êtes bonne !

Mme DE JOURDEUIL.

Je n'ai à cela aucun mérite. Un service rendu ne porte-t-il pas avec lui sa récompense ?.. aussi, par inclination, comme par devoir, je m'intéresse à toutes les infortunes.

NARCISSE.

A toutes ?

Mme DE JOURDEUIL.

A toutes celles que je connais.

NARCISSE, *à part.*

Ma foi, je n'y tiens plus !... *(Haut.)* Tant de bonté devrait encourager ceux qui souffrent... et s'il est des peines secrètes que l'on n'ose vous confier !...

Mme DE JOURDEUIL.

Comment ?

NARCISSE, *regardant Florenville.*

Des peines de cœur... je suppose.

FLORENVILLE, *à part.*

Que dit-il ?

Mme DE JOURDEUIL, *souriant.*

Oh ! je ne m'occupe pas de ces peines-là.

NARCISSE.

Cependant, ça rend quelquefois bien à plaindre... Dieu ! quel tourment ! *(A Florenville.)* N'est-ce pas, monsieur ?

FLORENVILLE.

Qui peut vous faire penser ?...

NARCISSE.

C'est que je connais quelqu'un qui est dans ce cas-là.

Mme DE JOURDEUIL, *souriant.*

Vraiment !

NARCISSE.

Hélas ! oui... quelqu'un qui aime et qui n'ose se déclarer.

FLORENVILLE, *à part.*

L'indiscret !

Mme DE JOURDEUIL, *regardant Florenville.*

Je crois aussi le connaître.

NARCISSE.

C'est possible.

Mme DE JOURDEUIL.

Son embarras l'a trahi.

NARCISSE, *à part.*

Tant mieux !

Mme DE JOURDEUIL.

Mais, pourquoi ne parle-t-il pas ?

NARCISSE.

Parce qu'il craint.

Mme DE JOURDEUIL.

Il devrait avoir plus de confiance.

FLORENVILLE.

Il a si peu de mérite.

NARCISSE, *à part.*

Merci !

Mme DE JOURDEUIL.

Excès de modestie.

FLORENVILLE.

Il n'a aucune de ces qualités brillantes...

NARCISSE.

Ce n'est point à vous de faire son éloge.

FLORENVILLE.

Au moins faudrait-il qu'il eût un sort digne d'être partagé... mais, quels sont ses titres, sa position dans le monde ?.. il n'en a pas.

NARCISSE, *avec abattement.*

Hélas !

FLORENVILLE.

Sa carrière... il la commence à peine.

NARCISSE, *de même.*

C'est vrai !

FLORENVILLE.

Il n'a rien qu'il puisse offrir en échange du trésor qu'il obtiendrait.

Mme DE JOURDEUIL.

Mais, il est jeune, et riche d'avenir et d'espérance.

NARCISSE.

Oui, c'est là tout son capital.

Mme DE JOURDEUIL.

N'a-t-il pas un homme puissant qui s'intéresse à lui ?

FLORENVILLE.

Sans doute... mais...

Mme DE JOURDEUIL.

Avec un pareil appui et ses talens, il peut arriver à tout.

NARCISSE, *s'inclinant.*

Madame... (*A part.*) Au fait, on a le bras long quand on a un ministre dans sa manche.

Mme DE JOURDEUIL.

Mais, pour cela, il faudrait qu'il parlât, qu'il fit valoir ses droits... et je crains bien qu'il ne se taise auprès des personnes qui le protègent, comme auprès de celle qu'il aime.

NARCISSE.

Eh ! mon Dieu, oui !

FLORENVILLE.

Pouvez-vous lui en faire un crime ?

NARCISSE.

Il n'aurait pourtant qu'un mot à dire.

Mme DE JOURDEUIL.

Eh bien ! je le dirai pour lui... puisqu'il persiste à se taire, je parlerai au ministre !

FLORENVILLE.

Quoi ! madame...

Mme DE JOURDEUIL.

Puisqu'il n'y a pas d'autre moyen...

NARCISSE.

Ce sera le meilleur de tous.

FLORENVILLE.

Cependant...

NARCISSE.

Est-ce que ça vous regarde ?

Mme DE JOURDEUIL.

C'est une résolution bien arrêtée.

FLORENVILLE.

Un pareil projet...

NARCISSE, *à Mme de Jourdeuil.*

Doit s'exécuter le plus tôt possible. Le ministre est dans son cabinet.

Mme DE JOURDEUIL, *faisant un mouvement.*

Je vais le trouver.

AIR :

Au revoir... j'ai bonne espérance.

NARCISSE.

Et moi je dis, sans vous flatter,
Le succès est certain d'avance :
Qui donc pourrait vous résister ?
    (*Offrant sa main.*)
Daignez m'accepter pour escorte.
    (*A part.*)
C'est le moins que je puis offrir
De la mener jusqu'à la porte
Des honneurs qu'elle va m'ouvrir !...
    (*Haut à Florenville.*)

ENSEMBLE.

Au revoir.... j'ai bonne espérance...
Et, ce n'est point pour la flatter,
Le succès est certain d'avance,
Qui donc pourrait lui résister ?

FLORENVILLE (*à part*).

Mon cœur se livre à l'espérance,
Et je puis, sans trop me flatter
Au succès avoir confiance.....
Qui donc pourrait lui résister ?

Mme DE JOURDEUIL (*à Florenville*).

Au revoir... j'ai bonne espérance,
Et crois pouvoir, sans me flatter,
Vous obtenir la récompense
Que vous avez su mériter.
    (*Elle sort avec Narcisse.*)

SCÈNE VI.

FLORENVILLE, *puis* GIRARDOT.

FLORENVILLE, *avec beaucoup d'agitation.*

Je suis encore tout étourdi !... je ne sais si je dois croire à tant de bonheur !... elle sait tout, et loin de s'irriter, de m'interdire des sentimens que j'osais à peine m'avouer à moi-même, elle semble les encourager !... elle va plaider ma cause près du ministre, lui demander qu'il m'assure un rang qui me rapproche d'elle, qui me permette d'aspirer à sa main !... est-il possible de pousser plus loin la délicatesse et l'amour !... oui, je m'y connais, elle répond à ma tendresse !.. et le moyen d'en douter après une pareille preuve ?... aussi mon cœur est en proie à une émotion pleine de charmes... je crains de me réveiller... je suis comme enivré de bonheur et d'espérance !

GIRARDOT.

Monsieur...

FLORENVILLE, *avec impatience.*

Qu'est-ce que c'est ?

GIRARDOT.

Des papiers... pour cette jeune fille... vous savez... dont le prétendu s'est égaré.

FLORENVILLE.

Donnez... Il faut qu'elle le retrouve... je vais m'occuper de cette affaire sur-le-champ... J'y attache beaucoup d'importance.

GIRARDOT.

Tant mieux... je suis charmé que vous preniez ça si chaudement.

FLORENVILLE.

C'est que je sens combien la pauvre petite est à plaindre... se trouver ainsi séparé de ce qu'on aime...

AIR : *Des Scythes.*

C'est un supplice affreux qui désespère !
Vous n'avez pas connu de tels tourmens....

GIRARDOT.

Si fait.... lorsque je perdis ma première !
Pour la cuisine elle avait des talens
Et me faisait des dîners excellens.
Depuis trente ans, privé de mon Ursule
Son souvenir me revient chaque fois
Q'ma soupe est froide ou que mon dîner brûle...
Le sentiment ne perd jamais ses droits....
Je me souviens alors de mon Ursule,
Le sentiment ne perd jamais ses droits ,
Non l'amour ne perd jamais ses droits.

FLORENVILLE, *qui a jeté un coup d'œil sur les papiers.*

Ces papiers suffiront, sans doute... rassurez votre jeune protégée, et dites-lui combien nous désirons lui être utile.

GIRARDOT.

Oui, monsieur. Je vais la chercher... *(Il sort).*

FLORENVILLE.

C'est bien !... Il sera peut-être bon qu'elle soit là , parce que si on avait besoin de quelque explication...

SCÈNE VII.

FLORENVILLE, DUVILLARS.

DUVILLARS, *(Il entre vivement et s'arrête en face de Florenville qu'il regarde fixement en se croisant les bras.)*

Eh bien, monsieur le secrétaire ?...

FLORENVILLE, *se plaçant en face de lui dans la même attitude.*

Eh bien, monsieur ?...

DUVILLARS.

Avais-je tort ?

FLORENVILLE.

Je n'en sais rien.

DUVILLARS.

Quand je disais que votre patron ferait comme les autres !... qu'il ne saurait rien refuser aux dames !... je viens de le laisser, tête à tête , avec une solliciteuse charmante.

FLORENVILLE , *avec un mouvement de joie.*

Ah !

DUVILLARS.

Elle demandait ou plutôt elle avait l'air d'exiger un emploi important qui est en ce moment disponible , et cela pour un jeune homme auquel elle s'intéresse.

FLORENVILLE *à part.*

L'excellente femme !... *(haut.)* Et le ministre ?

DUVILLARS.

Il l'écoutait avec complaisance, avec attention, comme si la demande était juste et convenable ; il est capable de l'accorder.

FLORENVILLE, *avec une joie mal déguisée.*

Vous croyez ?

DUVILLARS,

Et vous prenez ça si gaiement !... vous ne trouvez pas que c'est scandaleux !

FLORENVILLE.

Ecoutez... s'il s'agissait d'un jeune homme qu'elle aimât et que cette faveur dût assurer leur mariage.

DUVILLARS.

Qu'est-ce que ça me fait ?

FLORENVILLE.

Vous comprenez pourtant que ça expliquerait... que ça motiverait jusqu'à un certain point...

DUVILLARS.

Pas le moins du monde... un abus est toujours un abus.

FLORENVILLE.

Ne condamnons pas trop vite... il est quelquefois des circonstances particulières , ignorées... et puis , le jeune homme a peut-être des droits, des titres...

DUVILLARS.

Laissez donc !... ces gens-là n'en ont jamais ! et c'est justement pour cela qu'ils obtiennent toujours.

FLORENVILLE , *se fâchant.*

Monsieur !...

DUVILLARS.

Vous allez voir !...

SCÈNE VIII.

LES MÊMES, Mme DE JOURDEUIL.

Mme DE JOURDEUIL.

Je suis furieuse !... M. Brémont est un homme horrible !

FLORENVILLE.

Comment ?

DUVILLARS.

Est-ce que par hasard ?..

Mme DE JOURDEUIL , *avec éclat.*

Il refuse !

DUVILLARS.

Vous plaisantez !

Mme DE JOURDEUIL.

Je n'ai pu rien obtenir !

FLORENVILLE , *avec émotion.*

Ah ! c'est mal !... c'est très mal !...

DUVILLARS , *à demi-voix.*

Au contraire... c'est que c'est très bien... flatteur !... vous ne dites pas ce que vous pensez.

Mme DE JOURDEUIL.

Encore s'il m'avait donné des raisons... mais le prétexte le plus ridicule !...

DEVILLARS.

Ils n'en ont que comme ça à leur service !

Mme DE JOURDEUIL.

Il ne m'a pas même laissé prononcer le nom de celui que je recommandais... « Je ne veux « point le connaître... maintenant... m'a-t-il dit... « nous verrons plus tard... je ne doute point de « son mérite, puisqu'il vous intéresse... mais, j'ai « moi-même quelqu'un à pourvoir... un de mes « cousins... »

FLORENVILLE , *avec colère et étonnement.*

Son cousin !

DUVILLARS.

Qu'est-ce que je disais !...

Mme DE JOURDEUIL.

« Il faut d'abord que je songe à lui... c'est na-« turel...

DUVILLARS.

La famille avant tout !... c'est d'un grand administrateur.

Mme DE JOURDEUIL.

« Et, tant qu'il ne sera pas placé, permettez « moi de ne pas m'occuper de votre protégé... »

DUVILLARS.

Admirable !

FLORENVILLE.

Comment il vous a fait cette réponse ?

Mme DE JOURDEUIL.

Que vingt personnes ont entendue... il paraît qu'il ne craint pas d'avouer hautement sa prédilection pour ses parens.

FLORENVILLE.

Mais, ce cousin est un homme nul, incapable...

DUVILLARS.

Qu'est-ce que ça fait ?

FLORENVILLE.

Certainement je ferai au ministre des représentations...

DUVILLARS.

Vous n'en avez pas le droit, vous êtes son secrétaire : votre pensée, votre plume, votre style , tout lui appartient... moi, c'est différent... je suis là pour faire la guerre aux abus, et je ne souffrirai pas.

Mme DE JOURDEUIL.

Ni moi non plus.

DUVILLARS.

Je vais lui donner dans mon journal un avertissement salutaire.

Mme DE JOURDEUIL.

Et moi, je cours trouver mon oncle pour qu'il écrive à M. Brémont.

FLORENVILLE.

C'est inutile.

Mme DE JOURDEUIL.

Non... mon oncle a été ministre, il ne l'est plus... il dira à son successeur comment on perd un porte-feuille... en méprisant les droits acquis, en commettant des injustices, en favorisant sa famille...

DUVILLARS.

Très bien !.. vous parlez comme un journal.

Mme DE JOURDEUIL.

Je suis d'une indignation !... d'une colère !...

FLORENVILLE.

C'est aussi prendre trop à cœur...

Mme DE JOURDEUIL.

Oh ! n'essayez point de me calmer !

DUVILLARS.

Au contraire : il faut entretenir le feu sacré... Oui, madame, c'est une indignité !

Mme DE JOURDEUIL.

J'entends le cousin de M. Brémont... (*à Florenville*). Je ne veux point lui parler... je ne veux pas le voir... donnez-moi le bras jusqu'à ma voiture.

DUVILLARS.

Vous avez raison, madame, c'est une indignité !... (*Ils sortent tous.*)

SCÈNE IX.

NARCISSE, *puis* CHARLOTTE.

NARCISSE.

Elle s'éloigne... elle me fuit pour échapper à mes remercîmens , à ma reconnaissance... mais elle a parlé au ministre, c'est sûr ; il s'est prononcé en ma faveur... je l'ai entendu... il a dit, devant trente personnes : « Il faut d'abord que « je songe à mon cousin !... » Excellent parent !... il est décidé à me lancer... et moi aussi, je me livre en aveugle à la fortune ! elle fera de moi ce qu'elle voudra, je me soumets à tout !... à être sous-préfet, receveur général, conseiller d'état... ministre même !... pourquoi pas ? on en change si souvent que chacun peut y arriver... à son tour... il y en a déjà un dans ma famille... et je ne vois pas ce qui m'empêcherait... Oh ! quand je pense à ça, je sens le feu qui me monte au visage........

AIR : *d'Aristippe.*

C'est bien le cas de se montrer capable ;
Oui, dans cet instant d'apparat
Pour sembler plus recommandable ,
Prenons les airs de mon futur état (*bis*).
L'homme public doit d'ordinaire
Observer un grave maintien,
Et fidèle à ce caractère,
J'ai l'air pensif, mais je ne pense à rien.

L'ambition et l'amour font dans mon cœur un remue-ménage... eh! mais, je puis tout concilier en épousant Mme de Jourdeuil... je lui dois bien ça, après la démarche qu'elle vient de faire, sans compter qu'elle pourra en faire d'autres... il est juste que je partage avec elle les honneurs qu'elle me fera avoir... voilà la femme qu'il me faut... expliquons-nous, prenons la plume et détachons lui quelques unes de ces phrases qui brûlent le papier. Je veux que ma lettre sente le roussi. (*Il se met à écrire.*)

CHARLOTTE, *entrant par le fond.*

M. Girardot m'a dit de venir trouver ce monsieur... que, peut-être, il aurait des nouvelles à me donner... je suis d'une impatience!... (*Apercevant Narcisse qu'elle ne voit que par derrière.*) Le voilà!

NARCISSE, *écrivant.*

« Quand on aime pour la première fois, qu'il « est facile d'exprimer... (*Il s'arrête pour chercher la suite de sa phrase.*)

CHARLOTTE.

Il paraît qu'il fait de l'administration...

NARCISSE, *de même.*

« Qu'il est facile d'exprimer...

CHARLOTTE.

Si je ne craignais pas de l'interrompre...

NARCISSE.

« Qu'il est facile d'exprimer...» (*Rayant plusieurs mots.*) Ce n'est pas encore si facile que je croyais.

CHARLOTTE.

Il en a peut-être encore pour long-temps... ma foi tant pis! (*Elle s'approche.*) Monsieur...

NARCISSE.

Qu'est-ce?... que me veut-on?

CHARLOTTE.

Excusez si je vous dérange. (*Croyant le reconnaître.*) Ah! mon Dieu!

NARCISSE.

Tout-à-l'heure.

CHARLOTTE.

Serait-il possible!

NARCISSE.

Quelle voix! (*Il se retourne.*)

CHARLOTTE.

C'est lui!

NARCISSE.

Main'selle Charlotte!

CHARLOTTE.

M. Narcisse!

NARCISSE.

Quelle rencontre! par exemple, je ne m'attendais pas à vous voir ici!

CHARLOTTE.

Il a bien fallu que je vinsse vous chercher... nous étions si inquiètes, ma tante et moi!... aussi, monsieur, pourquoi ne nous avoir pas prévenues de votre départ?

NARCISSE.

Je n'ai pas eu le temps.

CHARLOTTE.

Ne pas nous avoir écrit?

NARCISSE.

Je ne pouvais pas.

CHARLOTTE.

Vous étiez donc bien occupé?

NARCISSE.

Horriblement!

CHARLOTTE.

C'est égal, on a toujours un petit moment pour dire à ceux qu'on aime : je pense à vous.

NARCISSE.

J'y pensais sans le dire.

CHARLOTTE.

A la bonne heure... j'en étais sûre... et comptez-vous revenir bientôt au pays?

NARCISSE.

Dame! je ne sais trop...

CHARLOTTE.

Cependant il le faut... c'est très pressé... à cause de notre mariage qui attend et qui ne peut pas toujours attendre.

NARCISSE, *embarrassé.*

Sans doute... mais...

CHARLOTTE.

Qu'est-ce à dire?

NARCISSE.

Hélas!

CHARLOTTE.

Vous soupirez?

NARCISSE.

C'est que je crains des obstacles...

CHARLOTTE.

Des obstacles?... vous ne m'en avez jamais parlé!

NARCISSE.

Pouvais-je prévoir ce qui m'arrive?

CHARLOTTE.

Quoi donc?

NARCISSE.

Je me croyais libre et maître de disposer de ma main...

CHARLOTTE.

Eh bien! n'êtes-vous pas majeur?...

NARCISSE,

Depuis six ans... mais si vous saviez!.. ma position n'est plus la même... j'ai un secret important à vous apprendre.

CHARLOTTE.

Vous me dites ça d'un air...

NARCISSE.

C'est que vous allez être bien étonnée.

CHARLOTTE.

Je suis déjà toute tremblante.

NARCISSE, *à demi-voix.*

Sachez que le ministre... est mon cousin.

CHARLOTTE.

Ah! mon Dieu!... le ministre!...

NARCISSE.

Lui-même... en personne!

CHARLOTTE.

Et il ne veut pas que je devienne sa cousine ?

NARCISSE.

Je ne lui en ai pas encore parlé !

CHARLOTTE.

Je suis sûre que si.

NARCISSE.

Parole d'honneur !... tout ce que je puis dire, c'est qu'il a sur moi des vues superbes... il veut me pousser dans les grandeurs...

CHARLOTTE.

Et vous faire épouser une princesse...

NARCISSE.

Je ne crois pas.

CHARLOTTE.

Vous ne me dites pas tout, mais je devine... c'est bien mal de sa part... et de la vôtre.

NARCISSE.

Je vous jure que je n'y suis pour rien... je suis une victime de la politique...

CHARLOTTE, *éclatant.*

Ah ! je vois que tout est perdu !... qu'il ne faut plus compter sur vous... c'est cruel !... une séparation !.. quand on croyait déjà être votre moitié !...

NARCISSE, *cherchant à la calmer.*

Ne vous désolez pas d'avance... rien n'est désespéré... je verrai... je tâcherai d'arranger...

CHARLOTTE, *se désolant.*

Vous n'y parviendrez pas.

NARCISSE.

Peut-être.

GIRARDOT, *dans le fond du théâtre.*

M. le ministre demande son cousin.

CHARLOTTE.

Ah !...

NARCISSE, *à Girardot.*

J'y vais... (*à Charlotte.*) Vous entendez... allons, un peu de calme, de raison...

CHARLOTTE.

C'est bien aisé à dire... quand on n'a plus la tête à soi...

NARCISSE.

Chère amie !

CHARLOTTE.

Allez, monsieur... on vous attend.

NARCISSE.

Je vous en prie... votre chagrin me fait un mal !... c'est vrai... je me sens tout bouleversé, et les yeux mouillés d'attendrissement !...(*A Girardot qui est dans le fond du théâtre.*) Je vous suis !...(*A part, en s'en allant.*) Qu'il est cruel d'appartenir au gouvernement ! (*Il rejoint Girardot et sort avec lui.*)

SCÈNE X.

CHARLOTTE, DUVILLARS.

CHARLOTTE, *continuant de sangloter.*

Mon Dieu ! mon Dieu ! que je suis à plaindre ! Il va devenir un monsieur, c'est sûr... et il épou-sera une belle dame bien riche et bien aimable... s'il faut que ce malheur lui arrive, je n'y survivrai pas d'abord !

DUVILLARS, *entrant vivement et sans voir Charlotte.*

Mon article est prêt... je l'attaque sans ménagement... c'est une guerre à mort... mais avant de la déclarer, tentons un dernier effort auprès d'un ancien ami... Sachons si Brémont persiste dans ses idées... comment il entend user de son pouvoir... quels sont les heureux qu'il a déjà faits !.. (*Apercevant Charlotte.*) En voilà un échantillon, une jeune fille qui pleure... (*S'approchant.*) Vous avez du chagrin, mademoiselle ?

CHARLOTTE.

Oh ! oui... et beaucoup !

DUVILLARS.

Je devine : on aura commis à votre égard quelque injustice.

CHARLOTTE.

Si ce n'était que ça !...

DUVILLARS.

On aura refusé votre demande.

CHARLOTTE.

Au contraire... (*Pleurant.*) J'ai obtenu ce que je voulais.

DUVILLARS.

Alors, pourquoi pleurez-vous ?

CHARLOTTE.

Pour une chose qui ne regarde pas l'administration... c'est une affaire de famille... (*Pleurant.*) Ah ! si vous saviez !.. le ministre a un cousin...

DUVILLARS.

M. Narcisse.

CHARLOTTE.

Vous le connaissez ?

DUVILLARS.

De réputation.

CHARLOTTE.

Un joli garçon, un bon enfant qui m'aimait, qui devait même m'épouser, lorsque son cousin n'était pas ministre... mais aujourd'hui ça n'est plus possible.

DUVILLARS.

Et pourquoi ?

CHARLOTTE.

Parce qu'on a des vues sur lui.

DUVILLARS.

En effet.

CHARLOTTE.

On veut le lancer dans les honneurs, dans les dignités... en faire un personnage.

DUVILLARS.

Oh ! ce n'est pas encore fait !

CHARLOTTE.

Il paraît pourtant qu'il en est sûr.

DUVILLARS.

Il se trompe.

CHARLOTTE, *avec l'accent du doute.*

Oh ! si son cousin le veut...

DUVILLARS.

Je m'y opposerai.

CHARLOTTE.

Vous, monsieur? (*A part.*) Dieu , le brave homme !

DUVILLARS.

Ce serait l'abus le plus criant, l'injustice la plus révoltante !

CHARLOTTE.

N'est-ce pas ?

DUVILLARS.

Je le dirai au ministre... je me fâcherai s'il le faut... mais je ne souffrirai pas...

CHARLOTTE.

Ah ! monsieur, que vous seriez aimable , si vous pouviez l'empêcher d'être quelque chose !.. vrai vous ne sauriez lui rendre un plus grand service et à moi aussi... je n'ai rien, je ne puis rien vous offrir... mais, si ça réussit, je vous embrasserai de bien bon cœur.

DUVILLARS , *l'embrassant.*

J'accepte et me paie d'avance... je mériterai la récompense... je verrai le ministre et lui parlerai de la bonne manière.

CHARLOTTE.

Je vous en prie, ne le ménagez pas : car c'est affreux de faire manquer comme ça des mariages !.. Qu'est-ce qu'il veut qu'on pense de son administration ?

DUVILLARS.

Soyez tranquille... moi aussi j'ai quelque pouvoir... Quand on a pour soi le bon droit, l'équité, les principes et qu'on s'appuie sur l'opinion...

CHARLOTTE.

Oui, je comprends... (*à part, en s'en allant.*) C'est-à-dire que je ne comprends guère. (*haut.*) Ah ! monsieur !.. que de bonté !... que de reconnaissance !..

DUVILLARS *la reconduisant.*

Allez , laissez-moi faire, je réponds de tout ; j'aurai bientôt de bonnes nouvelles à vous apprendre.

❀❀❀❀❀❀❀❀❀❀❀❀❀❀❀❀❀❀❀❀❀❀❀❀

SCÈNE XI.

DUVILLARS, *puis* FLORENVILLE.

DUVILLARS.

Je serai charmé de lui être agréable à cette petite... elle mérite qu'on s'intéresse à son sort... elle est d'une naïveté, d'une candeur... (*à Florenville, qui entre.*) Eh ! arrivez donc !.. je viens d'en apprendre de belles sur le cousin !

FLORENVILLE.

Comment ?

DUVILLARS.

C'est un sot qui a perdu la tête et la mémoire... J'ai trouvé ici sa prétendue... une jeune personne dont il est aimé... Elle est pour lui mille fois trop bonne et trop belle !

FLORENVILLE.

Eh bien !

DUVILLARS.

Mais monsieur a de l'ambition... il veut rompre...

AIR : *De Céline.*

Tout à l'espoir qui vient d'éclore ,
Il rêve un hymen plus brillant.

FLORENVILLE.

Il n'est pas quelque chose encore....

DUVILLARS.

Et déjà manque à son serment.

FLORENVILLE.

C'est aller trop vite, je pense.

DUVILLARS.

Est-ce ainsi que l'on se conduit ?
Par l'ingratitude il commence.....

FLORENVILLE.

Par là d'ordinaire on finit.

ENSEMBLE.

C'est aller trop vite , il commence
Par où d'ordinaire on finit.

DUVILLARS.

Aussi, plus que jamais, je m'oppose à l'avancement de ce gaillard-là... Je vais attendre le ministre dans son salon... je lui dirai tout... et morbleu ! il faudra bien qu'il renonce à ses projets et qu'il se rende à mes raisons. (*Il sort.*)

❀❀❀❀❀❀❀❀❀❀❀❀❀❀❀❀❀❀❀❀❀❀❀❀

SCÈNE XII.

FLORENVILLE, *puis* NARCISSE.

FLORENVILLE.

J'en doute... car le ministre a ses idées bien arrêtées... je ne le reconnais plus... je m'y perds... Tout-à-l'heure, j'ai essayé de lui adresser quelques observations... sur ce qu'il avait dit de son cousin... je lui ai représenté que les journaux pourraient s'emparer de cette circonstance et lui donner une publicité fâcheuse. « C'est précisément ce que je désire , m'a-t-il répondu... que « l'on crie beaucoup contre mon cousin. cela « m'arrange à merveille...» Au même instant, on lui apportait une lettre de l'oncle de madame de Jourdeuil... du ministre qu'il a remplacé, homme grave, et qui ne peut que lui donner de sages conseils... Eh bien ! il s'est mis à rire en lisant son épître, et il riait si fort, que je suis parti, ne pouvant supporter cette gaieté intempestive et que je ne saurais comprendre... ma foi , j'attendrai ici qu'il m'envoie chercher.

UNE VOIX *en dehors.*

Mon cher Florenville ?

FLORENVILLE.

Eh ! mais c'est sa voix !.. c'est lui !

LA MÊME VOIX.

Êtes-vous là ?

FLORENVILLE.

Oui, monsieur le ministre. (*La porte de droite s'ouvre , et le ministre, sans se montrer, et ne laissant passer que son bras, présente un papier à Florenville.*)

LA MÊME VOIX.

Tenez, copiez cette lettre... et surtout que personne n'en ait connaissance.

FLORENVILLE , *prenant le papier.*

Soyez tranquille.

LA MÊME VOIX.

C'est une réponse au sujet de mon cousin. (*Le ministre referme la porte.*)

NARCISSE, *qui est entré par le fond du théâtre.*

Comment?.. c'est de moi qu'il s'agit.

FLORENVILLE.

Toujours son cousin !

NARCISSE, *à part.*

Le digne homme !.. le grand ministre !.. c'est un Sully... pour sa famille.

FLORENVILLE, *jetant les yeux sur la lettre.*

Que vois-je !.. est-il possible !.. je ne reviens pas de ma surprise !.. (*il se met à écrire.*)

NARCISSE, *à part.*

Qu'est-ce qu'il a donc ?

FLORENVILLE.

Voilà qui change bien la thèse... je me disais aussi : il est impossible que le ministre. . . ah !.. ah !...

NARCISSE.

Je ne comprends rien à sa gaieté... c'est moi qui devrais être joyeux, et, pas du tout, c'est lui qui... il y a là quelque chose qui n'est pas naturel.

FLORENVILLE.

Maintenant tout s'explique... je conçois que le ministre tienne à ne pas divulguer son secret.

NARCISSE, *à part.*

Quel secret?.. ça m'intéresse sans doute... je suis sur les épines... si je pouvais lire un peu par dessus son épaule...

FLORENVILLE.

Voilà qui est fini... (*il se lève.*) Voyons si je n'ai rien oublié... (*Il relit; Narcisse se cache et prête l'oreille.*) « Mon cher prédécesseur, vous me plai-
« gnez d'être ministre, surtout parce que j'aurai
« des places à donner... vous me dites que je ferai
« souvent des injustices et toujours des mécon-
« tens, qu'il me faudra céder aux influences et
« aux recommandations de famille...

NARCISSE, *à part.*

C'est trop juste !

FLORENVILLE, *continuant.*

« Voici le moyen que j'ai imaginé pour m'y
« soustraire. J'ai fait venir de sa petite ville un
« brave garçon , simple, je dirais même un peu
« niais, s'il n'était pas de ma famille... c'est mon
« cousin...

NARCISSE, *à part.*

Hein ?

FLORENVILLE, *continuant.*

« Parfaitement propre à ne rien faire... c'est
« précisément l'emploi que je lui réserve...

NARCISSE, *à part.*

Comment ?

FLORENVILLE, *continuant.*

« Il sera près de moi, en évidence, comme un
« point de mire destiné à attirer tous les regards...
« et chaque fois que je serai poursuivi par une
« recommandation un peu vive pour un parent,
« pour un ami, j'aurai ma réponse : Voici mon
« cousin qui n'est pas placé... il ne le sera jamais,
« et l'on ne pourra , décemment, me demander
« pour d'autres ce que je ne ferai pas pour lui. »

NARCISSE, *à part.*

Quel machiavélisme ?

FLORENVILLE, *continuant.*

« Gardez la recette à votre usage, pour l'épo-
« que où vous reviendrez aux affaires, et croyez-
« moi le plus dévoué de vos successeurs. » L'in-
vention est originale... elle serait digne d'un ministre gascon...

NARCISSE, *à part.*

Ou normand !

FLORENVILLE.

Le cousin comme il l'entend est un emploi négatif à créer dans tous les ministères... ce sera pour l'état une source d'économies. (*Il entre dans le cabinet du ministre.*)

SCÈNE XIII.

NARCISSE, *puis* CHARLOTTE.

NARCISSE, *descendant le théâtre et se promenant avec agitation.*

C'est affreux ! c'est indigne !.. On a bien raison de dire que la France est mal administrée !.. à qui se fier maintenant si l'on ne peut pas compter sur sa famille !.. il me promenait dans sa voiture !.. il me donnait à dîner ! et moi bêtement j'acceptais... pour lui faire plaisir !.. voilà donc le prix de mes complaisances !.. il faut absolument que je lui dise son fait... je n'ai pas à le ména-ger... je suis indépendant... il ne veut rien faire pour moi. (*Il se dirige vers la porte qui conduit au cabinet du ministre.*)

CHARLOTTE, *avec timidité.*

Monsieur Narcisse !

NARCISSE.

Qui m'appelle ? . (*se retournant*). C'est vous, chère amie !

CHARLOTTE.

Il paraît que vous me fuyez ?

NARCISSE.

Bien au contraire... je suis heureux de vous rencontrer.

CHARLOTTE.

Vous me dites ça pour ne pas me faire de la peine... mais je vois bien ce qui en est... vous avez obtenu une belle place...

NARCISSE.

Moi ?.. (*à part.*) Cela tombe bien.

CHARLOTTE.

Vous voilà lancé !.. l'ambition vous tourne la tête, et c'est pour ça que vous ne me regardez plus.

NARCISSE.

Quelle idée avez-vous de votre ami ? Ah! Char-lotte, vous ne me connaissez pas ! Sachez que ces honneurs, ces vains honneurs , je les méprise, je les jette par terre, je les foule aux pieds.

CHARLOTTE.

On dit ça, mais quand on peut les ramasser...

NARCISSE.

Non , Charlotte... on m'avait arraché à mes goûts tranquilles, à mes habitudes modestes, à mon village... Dites un mot, et je suis prêt à y re-tourner.

CHARLOTTE.

Qu'entends-je !.. vous feriez un pareil sacrifice?

NARCISSE.

Que ne ferait-on pas quand on aime !

CHARLOTTE.

Vous m'aimez donc toujours ?

NARCISSE.

Est-ce que j'ai jamais cessé ?

CHARLOTTE.

Mais si votre cousin s'oppose...

NARCISSE.

Est-ce que ça le regarde ?

CHARLOTTE.

S'il vous destinait un sort plus brillant ?..

NARCISSE.

Je refuserais... je saurais lui résister... quand il m'offrirait d'être.. (*à part.*) Mais je n'aurai pas cette peine-là.

CHARLOTTE.

S'il en est ainsi, je n'ai plus d'objections.

NARCISSE, *lui prenant la main.*

Vous consentez donc à mon bonheur ?

CHARLOTTE.

Si vous vouliez bien dire le nôtre...

NARCISSE.

Ah ! je suis le plus fortuné des hommes !

CHARLOTTE.

Prenez garde : voici quelqu'un.

NARCISSE.

Ne faites pas attention... sans doute mon cousin... non... ce n'est que son secrétaire.

●•●•●•●•●•●•●•●•●•●•●•●•●•●•●•●•●•●•●•

SCÈNE XIV.

LES MÊMES, DUVILLARS, FLORENVILLE.

DUVILLARS, *à Florenville.*

Quoi ! vous persistez encore à le défendre ?

FLORENVILLE.

Plus que jamais, je l'avouerai.

DUVILLARS.

On n'a jamais vu, chez un ministre, un entêtement pareil !

FLORENVILLE.

Il a sans doute d'excellens motifs...

DUVILLARS.

Il les dirait... mais non, pas la moindre explication... toujours la même phrase : « Il faut que je « songe à mon cousin. »

NARCISSE, *se retournant.*

Je l'en remercie et je l'en dispense... je n'ai pas besoin de ses services.

DUVILLARS.

Hein !.. que dites-vous, monsieur ?

NARCISSE.

Que je quitte Paris... j'ai retrouvé celle que j'aime... le bonheur me suffit : je n'ai pas d'ambition.

DUVILLARS.

Mais les honneurs que votre parent vous destinait ?

NARCISSE.

J'y renonce.

CHARLOTTE.

Pour moi !..

NARCISSE.

Et sans peine.

FLORENVILLE, *à part.*

Je le crois bien.

CHARLOTTE.

Quel désintéressement !

DUVILLARS, *tendant la main à Narcisse.*

Touchez là, monsieur... un pareil sacrifice vous honore.

NARCISSE.

Je vous assure que pour ce que ça me coûte...

DUVILLARS.

C'est égal... vous donnez une bonne leçon à votre cousin... il ne s'attendait pas à trouver dans sa famille un philosophe.

FLORENVILLE, *à part.*

Oui, un philosophe qui n'a rien eu à refuser.

●•●•●•●•●•●•●•●•●•●•●•●•●•●•●•●•●•●•●•

SCÈNE XV.

LES MÊMES. Mᵐᵉ DE JOURDEUIL.

DUVILLARS.

Eh ! arrivez, madame... vous ne savez pas ce qui se passe !

Mᵐᵉ DE JOURDEUIL.

Au contraire, je sais tout... c'est très bien... le ministre est un homme charmant !.. on n'a pas plus d'esprit !

DUVILLARS.

En voici bien d'un autre !..

Mᵐᵉ DE JOURDEUIL, *bas à Florenville.*

Mon oncle m'a montré la lettre qu'il a reçue.

FLORENVILLE.

Je ne suis plus étonné... vous êtes au fait...

DUVILLARS.

Vous qui blâmiez tant ses projets !..

Mᵐᵉ DE JOURDEUIL.

J'avais tort... je le connaissais mal... et maintenant je les approuve.

DUVILLARS, *à part.*

Il est impossible d'être plus girouette !

Mᵐᵉ DE JOURDEUIL.

Oui, monsieur, il lui faut un cousin... il le lui faut absolument... et on ne ferait pas mal de lui en passer deux.

NARCISSE.

Qu'il les prenne où il voudra... Quant à moi, je renonce au métier de cousin... je donne ma démission de la famille.

Mᵐᵉ DE JOURDEUIL.

Quelle idée !

NARCISSE.

Je vais me marier en province.

Mme DE JOURDEUIL.

Vous marier ?

NARCISSE.

Oui, madame, et voici ma prétendue... (*à part.*) Ça la vexe... elle qui avait sur moi des idées...

Mme DE JOURDEUIL.

Je vous fais compliment de votre future... on n'est pas plus jolie.

NARCISSE.

Certainement. (*A Charlotte.*) Ne baissez donc pas les yeux... (*à part.*) Je suis sûr que l'autre enrage.

FLORENVILLE , *à madame de Jourdeuil, montrant Narcisse et Charlotte.*

Heureux qui pourrait suivre l'exemple qu'ils donnent !

Mme DE JOURDEUIL.

Soyez tranquille : j'ai parlé à mon oncle et j'espère qu'avant peu...

FLORENVILLE , *lui baisant la main.*

Ah ! madame... j'ose à peine croire à tant de bonheur !

DUVILLARS.

Pourquoi donc ?.. le ministre fera peut-être quelque chose pour vous, maintenant qu'il n'a plus de parent à protéger.

SCÈNE XVI.

LES MÊMES, GIRARDOT.

GIRARDOT , *à Florenville.*

Monsieur, il y a en bas trois personnes qui voudraient parler au ministre.

FLORENVILLE.

C'est l'heure où il va se mettre à table, et je ne sais s'il pourra...

GIRARDOT.

C'est qu'ils disent qu'ils sont ses cousins.

TOUS.

Ses cousins !..

DUVILLARS.

Tous trois ?.. quelle provision !.. c'est un second ballot que la famille lui expédie.

Mme DE JOURDEUIL.

Tant mieux... on pourra remplacer celui qui s'en va.

NARCISSE.

Je leur souhaite bien du plaisir.

FLORENVILLE *à Girardot.*

Demandez à M. Brémont s'il peut les recevoir.

DUVILLARS.

S'il les reçoit, c'est la dernière fois que je mets les pieds dans son hôtel.

Mme DE JOURDEUIL.

Pourquoi ?

DUVILLARS.

Parce que je ne veux pas être témoin de ses lâches faiblesses pour sa famille.

FLORENVILLE.

Qui vous dit qu'il en aura ?

DUVILLARS.

Si, comme ce matin, il les proclame hautement...

Mme DE JOURDEUIL.

Ce n'est pas une raison.

FLORENVILLE.

Non , sans doute : il ne faut jamais juger un ministre sur les promesses qu'il peut faire , mais bien sur celles qu'il veut tenir.

DUVILLARS.

Eh bien ! j'attendrai.

CHOEUR FINAL.

TOUS (*moins Narcisse.*)

AIR :

Il fuit des honneurs le partage ,
Et va, par l'hymen qui l'attend ,
Retrouver le bonheur du sage
Au fond de son département.

NARCISSE.

Je fuis des honneurs le partage ,
Et vais, par l'hymen qui m'attend
Retrouver le bonheur du sage
Au fond de mon département.

FIN DU COUSIN DU MINISTRE.

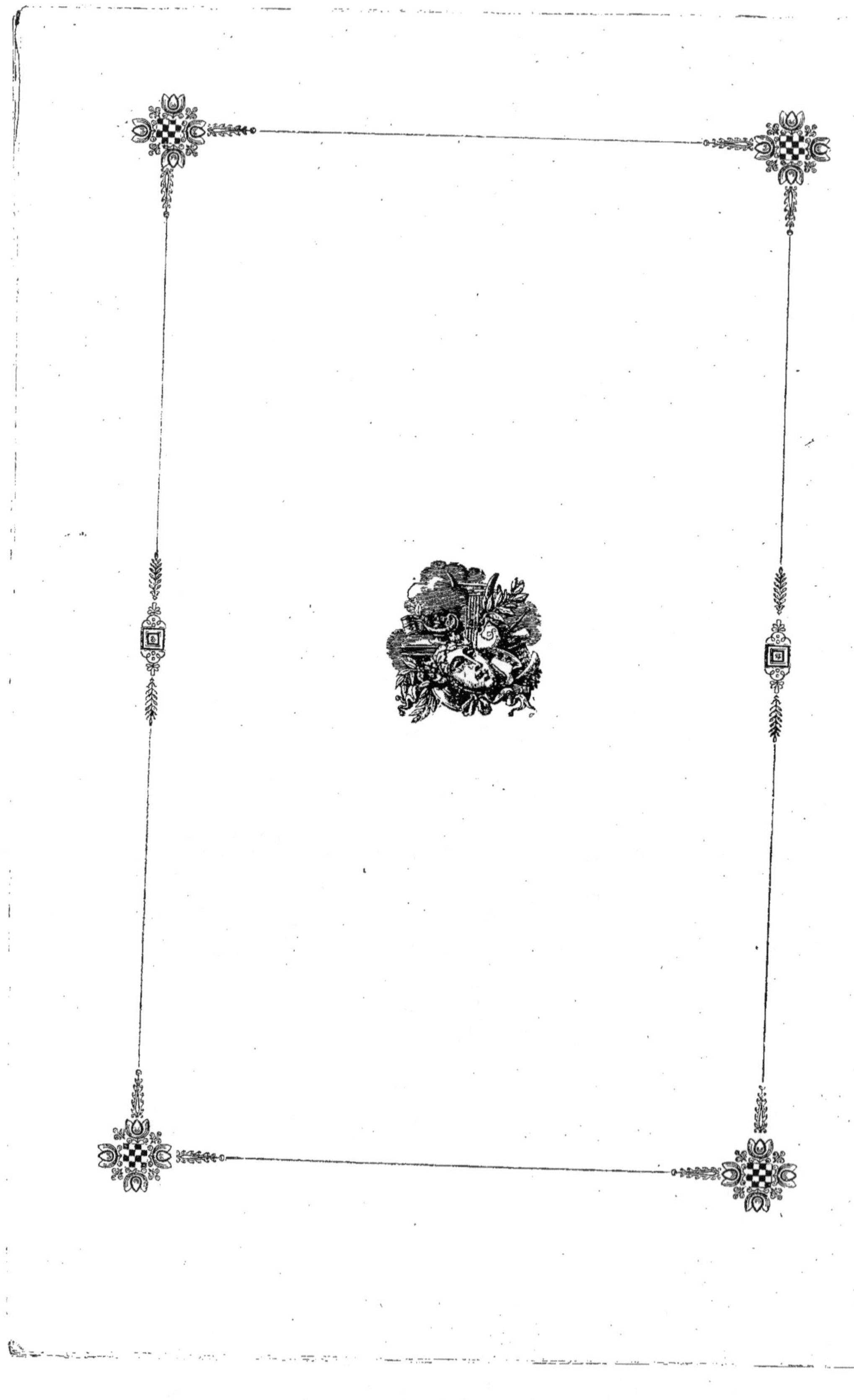

www.ingramcontent.com/pod-product-compliance
Lightning Source LLC
LaVergne TN
LVHW050301030726
842520LV00006B/2510